고양이에게 물어봐

발칙하고 도도한 고양이의 인생 해결법

Original Title : Il libro delle risposte, Chiedilo al tuo gatto.

Concept: studio pym / Milano

Texts: Teresa Bava, Aurelia Di Meo, Rachele Moscatelli

Graphic project: Andrea Q

Illustrations: Margherita Travaglia

고양이에게 물어봐

발칙하고 도도한 고양이의 인생 해결법

별글
별처럼 빛나는 글

이 책을 이용하는 방법

1. 익숙하고 편안한 장소를 고르세요. 오늘 아주 특별한 고양이 친구를 만나게 될 겁니다.

2. 푹신한 소파나 침대, 야외라면 햇살이 가득한 잔디밭도 좋아요. 눈을 감고 천천히 심호흡을 해봅시다. 머릿속을 한번 비워보세요.

3. 책을 양손으로 들고, 눈을 감은 채로 당신의 고양이에게 물어볼 질문을 생각해보세요.

4. 그런 다음에 마음이 가는 책의 어느 페이지에 손가락을 대보세요.

5. 마음속으로 또는 말로 준비된 질문을 하며 그 페이지를 펼치세요. 당신을 위해 도도하고 사랑스러운 고양이가 남긴 해답이 그곳에 있습니다.

잠시 잠을 청해보는 것이 좋겠어.

걱정하지 말고 쉬어!

풀 수 있는 실타래를 찾아.

어디든 네가 편안해할 장소는
있기 마련이야.

발톱을 드러낼 때야!

숨어버려.

다 잡은 것을 포기하지 마.

기분 좋게 눕는 게 최고야.

귀를 기울여봐.

숨겨둔 재능을 활용할 차례야.

가장 중요한 것이 뭔지
다시 생각해봐.

네 영역을 지키는 것이 먼저.

너의 감각이 이끄는 대로 가봐.

어느 정도 거리를 두자.

내일 생각하자!

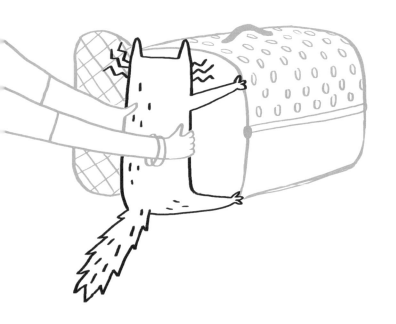

두려워할 필요 없어.

떨어져도 네 발로 떨어져야 해.

패스!

모든 것은 때가 있는 법이지.

그건 돈을 넘은 일이야.

결심했으면 행동해!

방심은 금물이야.

큰 꿈을 꾸려면
잠을 깊이 자야 해.

맑은 공기를 좀 마셔야겠네!

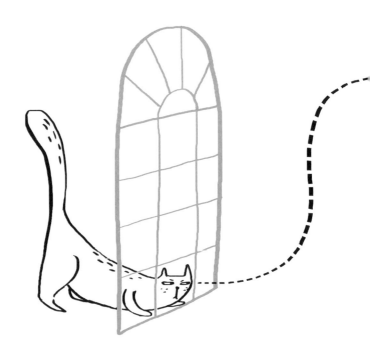

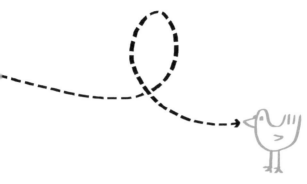

목표물을 정확히 조준할 것.

좌절할 것 없어.

자기 멋대로 한번 해봐!

제일 먼저 챙겨야 할 것은
바로 자신이지.

머리부터 좀 빗어봐!

다른 신체 활동에 시간을 쓰는 것도
필요해.

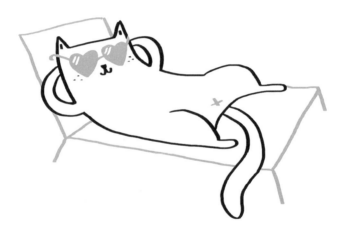

햇빛이 닿는 곳을 찾아봐.

아마도, 그럴 거야.

뭘 기다리는 거야?

열정을 키워봐.

사랑하는 사람을 깜짝 놀라게 해봐.

아, 모르겠고, 배고파.

친구를 만나봐. 그보다 좋은 게 없지.

냄새를 쫓아가면 언제나 해답이 있어.

건강이 최고야.

그래, 알겠어.
내 머리를 한번 쓰다듬게 해줄게.
그러면 생각이 떠오를 거야.

고대 이집트인들은 내게
그런 바보 같은 질문은 하지 않던데.

나처럼 해.

쓸데없는 일에 힘 뺄 거 없어.

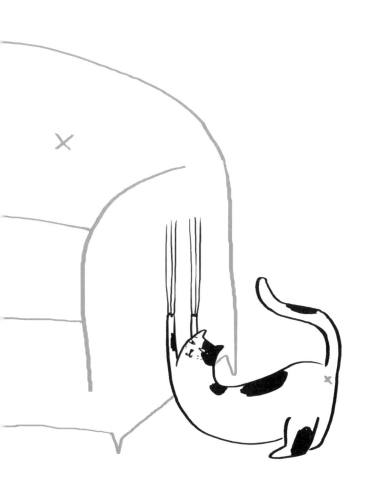

손톱으로 손바닥 확 긁어봐.
나쁜 생각이 사라진다니까! 진짜야!

견뎌야 해.

나한테는 일곱 번의 인생이 있거든?
근데 너한테는 하나야.

자, 누가 집주인인지 확실하게 보여줘.

나처럼 적어도 18~20시간은
자야 할 것 같은데.

당연하지.

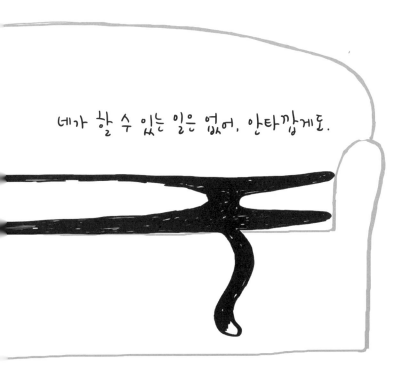

네가 할 수 있는 일은 없어, 안타깝게도.

일단 좀 먹고 생각하자고.

그냥 몸을 내맡기는 것도 나쁘지 않아.

아마도. (야호!)

가장 좋은 선택은 달콤한 도넛.

간식을 주면 해결해줄게.

말했잖아, 불안해할 것 없다고.
나도 겁먹은 게 아니라니까.

그게 어떤 문제든,
완전히 닫힌 문보다 나쁘지는 않아.

일단 따뜻한 곳에 누워서,
다시 한번 생각해보자.

혹시 내가 강아지로 보이니?

내 영역에는 누구도 들어올 공간이 없어.
네 머릿속에도 지금 그런 생각을 할
공간이 없고.

네가 얼마나 멋진 사람인지 잊지 마.

"머리를 숨기면 온몸이 숨겨진다."
내 위대한 조상들이 하던 말이야.
지금 너에게 필요한 말이지.

내일의 두 개보다 오늘의 한 개가 낫다.

복잡한 생각은 그냥 내게 맡겨.

불가능한 일은 없어.

확실히 잠이 부족한 것 같네.
충분히 잤으면
나처럼 아무 생각도 없을 텐데.

그러니까 골고루 먹어야 해.

자연과 함께 하는 시간을 가져봐.

싫은 것이 있다면,
쳐다보지도 않는 것이 상책.

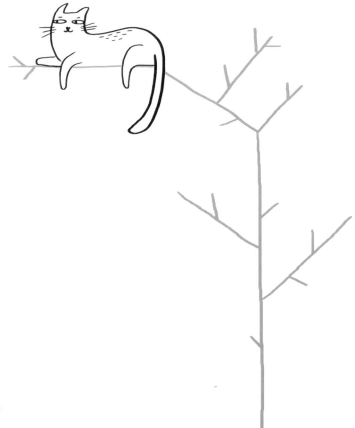

새로운 관점이 새로운 생각을 만들지.

정답은 네 안에 있는 법.

털 뭉치 같은 생각이구만!

영역 표시를 확실하게 해.

솜틍 있지? 그걸 드러내야지.

아무도 못 봤다면, 없었던 일이야.

우아한 자세가 우아한 마음을 만들지.

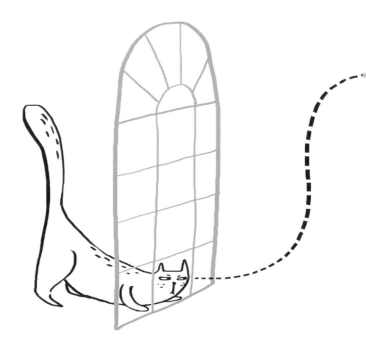

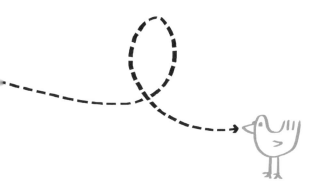

너의 본능을 믿어.

아주 약간의 인내로
모든 것이 제자리를 찾을 거야.

기다림의 미학을 배울 것.

명심해.

고양이는 미치면 제멋대로 날뛴다는 걸.

습관을 바꾼다는 것은
좋은 생각이 아니야.

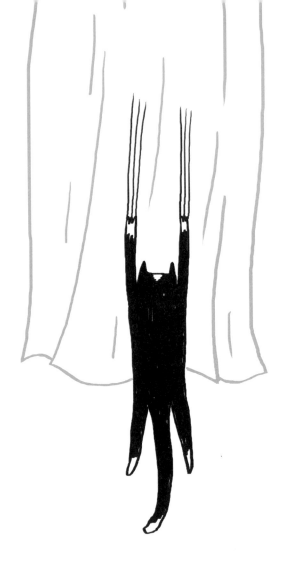

자, 이제 시작해볼까?

언제나, 주의할 것.

내가 너라면 침대 밑에 숨어버릴 거야.

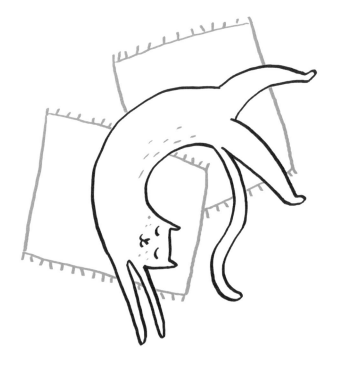

아, 지금은 말고. 나 바쁜 거 알지?

생각하기 나름이지.

어려울수록 균형이 필요해.

곰곰이 생각해보자.

행복은 늘 작은 것에 있어.

다름을 인정할 필요가 있어.

믿음을 가져야 해.

오늘은 끝!

너무 의심하지 마.

무엇보다 의욕가 중요하지!

창의력을 발휘해봐!

어떤 날은 아무것도 하지 않는 게 좋아.
정말 아무것도!

말도 안 되는 소리 하지 마!

실수하며 배우는 거지.

더 깊게, 깊게 파봐.

모든 것은 흘러가게 되어 있어.

일단 좀 먹고 나서 얘기해줄게.

뭔가 다른 것을 찾아봐.

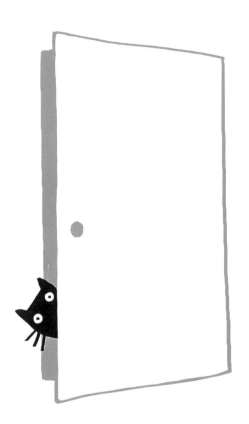

영원히 닫혀 있는 문은 없어.

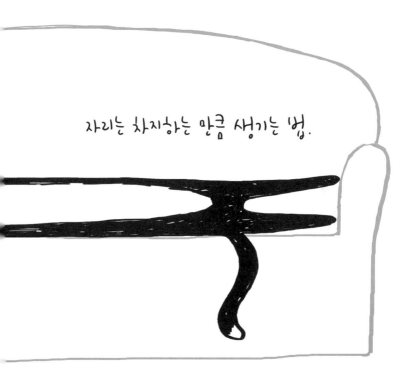

자리는 차지하는 만큼 생기는 법.

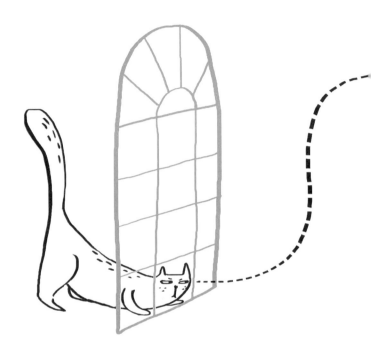

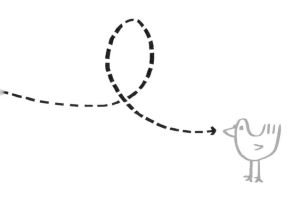

항상 계획이 있어야 해.

그냥 잊어버려,
다른 누군가가 해결할 거야.

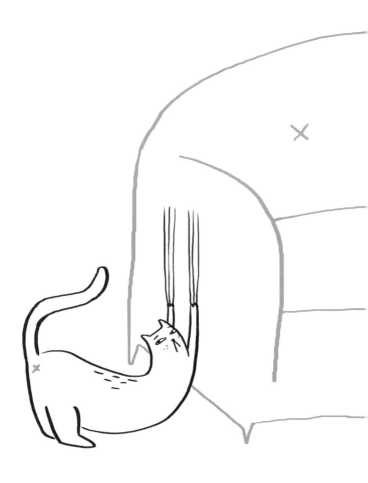

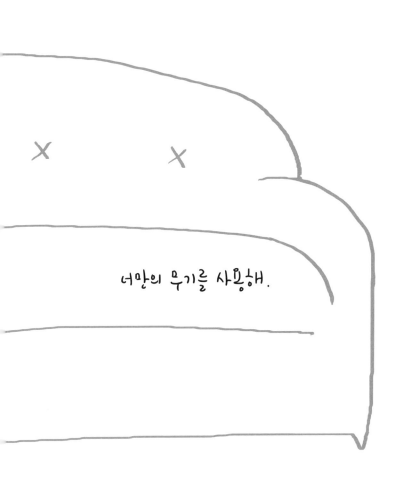

너만의 무기를 사용해.

아니. (야옹!)

적을 앝보지 마.

더 높은 목표를 세워.

더 밝은 곳으로 움직여!

지금 뭐라 그랬지?

성급하게 결정 내리지 말고,
생각할 것이 그렇게 많은데도 불구하고
네가 얼마나 침착한지부터 봐봐.

그걸로 만족하지 마.

어쩌면 재미있는 일을 하는 것이
너에게 휴식이 될지도 몰라.

탈출해!

내일이 또 있으니까.

해답은 언제나 음식 속에 있지.

가장 좋은 방향으로 곧 나아가게 될 거야.

잘 새겨들어.

그냥 가르랑거리는 것이
수천 마디의 말보다 더 나을 때가 있어.

천재는 종종 이해받지 못하기도 하지.

최고의 모습을 보여줘.

한 발자국만 앞서면
모든 것이 잘될 거야.

진짜 하고 싶은 일을 해, 그것이 무엇이든.

적응해버리면 그만이야!

목표를 정하고 따라가도록.

오늘 할 수 있더라도 내일로 미루자.
(내일모레로 미뤄도 좋고!)

아무것도 하지 마. 움직이지도 말고.

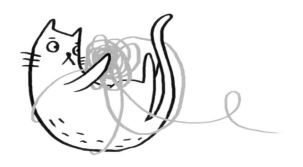

굴하지 말고, 인내심을 가져!

저질러버리자!

풀을 뜯어 먹어버리는 건 어때?

(고양이라고 생각해봐.)

해결법은 바로, 쉬는 것!

계속 얘기해봐, 나는 모르겠어….

이게 내 자신이 없다면, 그냥 자.

끝은 알 수가 없지.

누가 네 말을 들어주지 않는다면,
듣고 싶지 않아서일지도!

자신을 믿어.

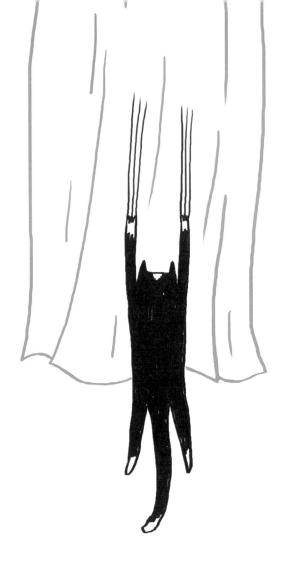

의심스러운 것은, 긁어내버려.

감사한 마음을 가질 것.

나를 좀 더 놀라게 해봐.

주어진 것부터 해결할 것.

완벽해지려고 애쓰는 것도 좋아.
안 되면 말고!

어둡다고 진짜 막 그렇게 어두운 건

아니야.

스스로에게 시간을 줘.

잠을 좀 자야 된다는 것을 잊지 마.

그렇다고 엉망으로 있으면 안 돼.
스스로를 방치하지 마.

오래된 습관은 버려.
(안 입는 그 털옷도 좀!)

잘못된 때는 없어.
때가 아닌 것은 없다고.

잘됐네, 야옹!

편안하기만 하면 됐지.

내일 따는 것보다는 오늘 따는 게 낫지.

다시 잠을 청해봐, 그러면 돼.

열집 잔디가 더
파릇파릇해 보이는 법이야.

당황하지 마.

그건 물어볼 게 아닌 것 같은데.

주변의 현실을 유심히 관찰해 봐.

네 목소리가 들리게 소리 내봐.

그래, 그래.

(야옹!)

그건 그렇게 중요하지 않아.
더 이상 묻지 마.

아마 아닐걸.

새로운 것을 조심해.

고정 관념을 버려.

$\frac{\circ}{\circ}$ . . . .

너무 조급하게 굴지 마.

뜻밖의 일에도 늘 대비할 것.

한 번에 하나에만 집중해.
하나만 해결하자고.

잠시만 혼자 있어보는 건 어때?

그게 진짜 문제야? 너에게 큰 문제가 돼?

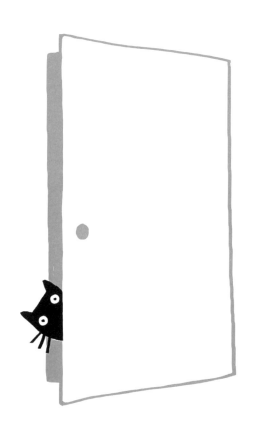

아, 지금은 아니야.

지금 그 생각뿐이구나!

건드리고 싶으면 건드려야지. 뭐 어때!

융통성이 있어야 해.

내가 너라면,

좀 더 나은 질문을 했을 텐데.

생각을 바꾸는 것은 언제라도 늦지 않아.

겉모습에 속지 말도록.

용기를 내!

어떻게 될지 이미 알고 있잖아.

보살핌이 좀 필요해 보이는데.

균형을 지켜.

그러니까 정답은... 좀 더 읽어봐!

내가 무슨 생각을 하는지
너도 알고 있을걸.

너무 심각하게 생각하지 마.

못 일어날 만큼 편안한
그곳에서 좀 벗어나봐.

그래서 질문이 뭐였지?

너에게 달려 있는 일이 아니야.

모든 한계를 뛰어넘어.

플러그를 뽑아. 일단 뽑아.

괜찮아. 믿어도 돼.

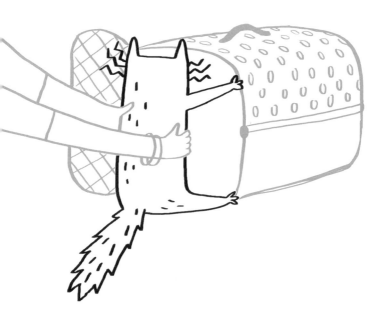

함정에 빠지지 마.

숨을 들이마셔봐.

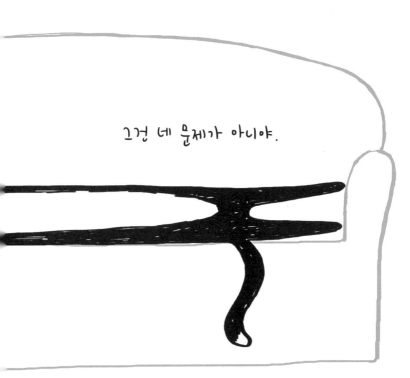

그건 네 문제가 아니야.

재충전이 필요할 때야!

의심하지 말 것.

미안한데, 지루해지려고 해.

내가 보기에는 별거 아닌 것 같은데.

뭐라고?

지금 어느 고양이한테 하는 말이야?

이게 다 털 때문이야. 너도 그럴걸.

내가 안아줄까?

나 화나게 하지 마!

인내심이 미덕이지.

고양이한테 말이야, 너 말고.

현재를 충실히 살아야지.

자, 이제 숨을 만한 장소를 찾아보자.

쓸데없는 일이야!

너의 행복이 최우선이야.

뛰어!

옮긴이 김지연

한국외국어대학교를 졸업했으며, 국내외 저작권을 중개 관리하는 팝 에이전시와 번역 그룹 팝 프로젝트의
대표를 맡고 있다. 이 책을 번역하는 동안 고양이처럼 사는 것은 어떨까 하는 발칙한 상상을 하며 즐겁게 일했다.
그동안 『사라진 루크를 찾는 가장 공정한 방법』, 『글자가 다 어디에 숨었지?』, 『버려진 도시들』, 『양심 팬티』,
『감정 지도』 등을 우리말로 옮겼고, 『엉덩이 심판』과 『걱정 삼킨 학교』를 썼다.

고양이에게 물어봐

초판 1쇄 발행 | 2020년 11월 30일

기획 | 스튜디오 핌·밀라노
지은이 | 테레사 바바·아우렐리아 디 메오·라헬 모스카텔리
그림 | 마르게리타 트라발리아
그래픽 디자인 | 안드레아 Q
옮긴이 | 김지연

펴낸이 | 이삼영
책임편집 | 눈씨
디자인 | VUE

펴낸곳 | 별글
블로그 | blog.naver.com/starrybook
등록 | 제 2014-000001호
주소 | 경기도 고양시 덕양구 고양대로 1393, 2층 (성사동)
전화 | 070-7655-5949 **팩스** | 070-7614-3657

ISBN 979-11-89998-33-2 (02190)

이 도서의 국립중앙도서관 출판예정도서목록(CIP)은 서지정보유통지원시스템 홈페이지
(http://seoji.nl.go.kr)와 국가자료종합목록 구축시스템(http://kolis-net.nl.go.kr)에서
이용하실 수 있습니다. (CIP제어번호 : CIP2020042978)

별글은 독자 여러분의 책에 대한 아이디어와 원고 투고를 기다리고 있습니다.
책 출간을 원하시는 분은 이메일 starrybook@naver.com으로
간단한 개요와 취지, 연락처 등을 보내주세요.

책값은 뒤표지에 있습니다. 잘못된 책은 바꾸어 드립니다.